Grandes amigos de los animales
LIBSA

Grandes amigos

En la naturaleza encontramos sorprendentes ejemplos de animales que son grandes amigos. Esta relación se conoce como mutualismo, una forma de interacción donde diferentes especies se benefician mutuamente.

El mutualismo es un comportamiento desarrollado por algunas especies para afrontar los desafíos del mundo salvaje. En este libro te proponemos hacer un viaje a lo largo de la Tierra para conocer las alianzas más increíbles del reino animal.

En las vastas sabanas africanas, unas pequeñas aves conocidas como picabueyes parecen galopar sobre lomos de los imponentes búfalos, mientras buscan algo para picar entre sus pelos. Estas aves se alimentan de parásitos como las garrapatas, proporcionando algo de alivio a los búfalos. ¿Sabías que tanto en la tierra como en el mar habitan muchos tipos de animales que limpian de parásitos a otros? ¿Conoces la sorprendente relación entre las mangostas rayadas y los facoceros? Esta colaboración ha sido descubierta recientemente y demuestra que en la naturaleza aún queda mucho por saber sobre el mundo de los animales.

A lo largo de este libro también vamos a zambullirnos en los océanos para buscar casos increíbles

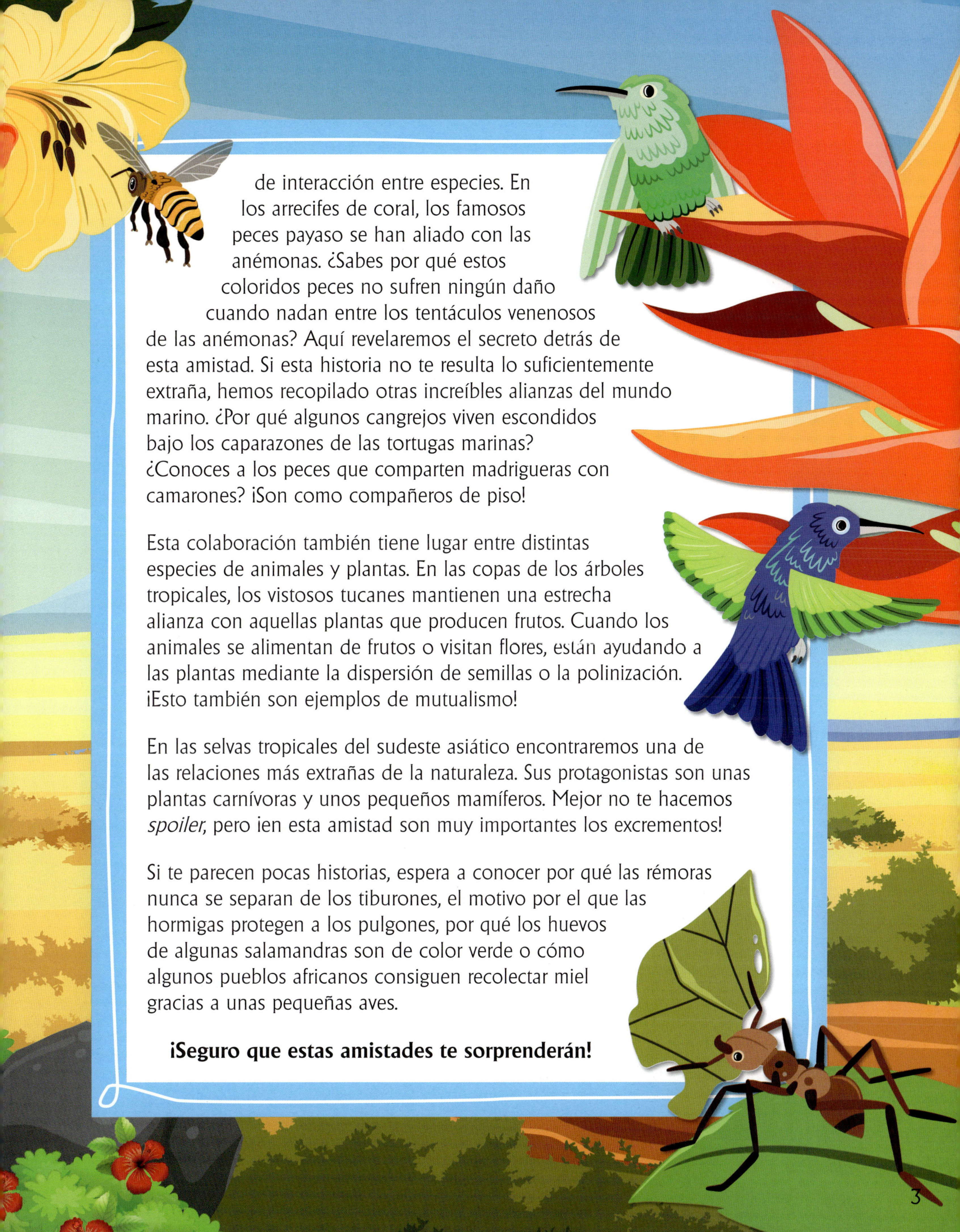

de interacción entre especies. En los arrecifes de coral, los famosos peces payaso se han aliado con las anémonas. ¿Sabes por qué estos coloridos peces no sufren ningún daño cuando nadan entre los tentáculos venenosos de las anémonas? Aquí revelaremos el secreto detrás de esta amistad. Si esta historia no te resulta lo suficientemente extraña, hemos recopilado otras increíbles alianzas del mundo marino. ¿Por qué algunos cangrejos viven escondidos bajo los caparazones de las tortugas marinas? ¿Conoces a los peces que comparten madrigueras con camarones? ¡Son como compañeros de piso!

Esta colaboración también tiene lugar entre distintas especies de animales y plantas. En las copas de los árboles tropicales, los vistosos tucanes mantienen una estrecha alianza con aquellas plantas que producen frutos. Cuando los animales se alimentan de frutos o visitan flores, están ayudando a las plantas mediante la dispersión de semillas o la polinización. ¡Esto también son ejemplos de mutualismo!

En las selvas tropicales del sudeste asiático encontraremos una de las relaciones más extrañas de la naturaleza. Sus protagonistas son unas plantas carnívoras y unos pequeños mamíferos. Mejor no te hacemos *spoiler*, pero ¡en esta amistad son muy importantes los excrementos!

Si te parecen pocas historias, espera a conocer por qué las rémoras nunca se separan de los tiburones, el motivo por el que las hormigas protegen a los pulgones, por qué los huevos de algunas salamandras son de color verde o cómo algunos pueblos africanos consiguen recolectar miel gracias a unas pequeñas aves.

¡Seguro que estas amistades te sorprenderán!

Picabueyes y búfalo africano

Localización

África

En las sabanas africanas habitan grandes animales herbívoros que diariamente reciben la visita de los picabueyes.

Estas curiosas aves son famosas por alimentarse de los parásitos que encuentran en el pelaje de dichos mamíferos.

Picabueyes

El **picabueyes piquirrojo** (*Buphagus erythrorynchus*) es una especie que habita en muchas regiones de África. Su rasgo más distintivo es el pico de color rojo. Existe una segunda especie, el picabueyes piquigualdo (*Buphagus africanus*), cuyo pico es amarillo y rojo. Estas aves hacen sus nidos en huecos de árboles. Para acomodar su hogar, usan pelos que arrancan de grandes animales.

Búfalo africano

El **búfalo africano** (*Syncerus caffer*) es uno de los grandes herbívoros que podemos hallar en África. Vive en grupos numerosos y, debido a su tamaño corporal, muy pocos depredadores se atreven a cazarlos. Su peor enemigo es el león (*Panthera leo*). Estos herbívoros pueden defenderse con sus afilados cuernos, pero la manada también es muy importante. Si uno de sus miembros está en peligro, acudirán en su ayuda.

Hummmm... ¡Qué ricas garrapatas!

A los picabueyes les encanta comer garrapatas. Comen larvas de insectos o garrapatas que encuentran en el pelaje y la piel de búfalos, rinocerontes, antílopes, cebras, hipopótamos o jirafas. Gracias a la acción de los picabueyes, estos animales se mantienen libres de parásitos.

¿SABÍAS QUE...

Las garrapatas son los ácaros de mayor tamaño. Estos artrópodos son parásitos que se alimentan de sangre. Pueden transmitir enfermedades a los animales y son peligrosos si les pican a las personas.

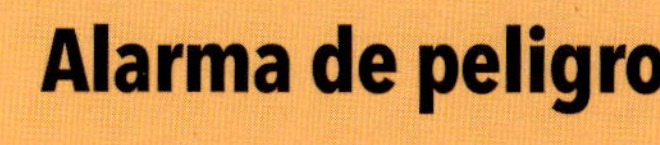

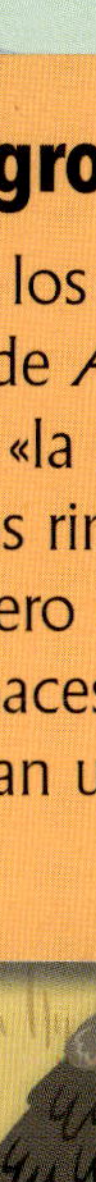

Alarma de peligro

En el idioma suajili los picabueyes reciben el nombre de *Askari wa kifaru*, que significa «la guardia del rinoceronte». Los rinocerontes tienen mala vista, pero los picabueyes son capaces de advertirles si detectan un peligro cercano.

Pero no siempre son buenos...

Sin embargo, la acción de los picabueyes también puede resultar perjudicial para algunos animales. Estas aves son famosas por picotear las heridas de los animales o incluso abrir nuevas. ¡Así se alimentan directamente de la sangre de los herbívoros! Entonces, la relación mutualista se convierte en parasitismo.

Mangosta rayada y facocero

En el mundo animal aún quedan muchos secretos por revelar. Este es el ejemplo de las mangostas rayadas y los facoceros, cuya interacción ha sido descubierta recientemente.

En este curioso caso, las mangostas limpian de parásitos a los facoceros.

Mangosta rayada

Las **mangostas rayadas** (*Mungos mungo*) son pequeños animales que habitan en algunas regiones de África. Se trata de una especie insectívora, es decir, que se alimenta sobre todo de insectos y otros artrópodos, aunque también cazan ranas, lagartijas o incluso serpientes. Son animales muy listos. Cuando quieren comer insectos con caparazón duro, huevos de aves o caracoles usan piedras a modo de yunque para golpearlos y abrirlos.

Facocero

Los **facoceros** o jabalíes verrugosos (*Phacochoerus africanus*) tienen unos grandes colmillos que sobresalen de su boca. En algunos ejemplares, estos colmillos miden más de 20 cm de largo. Utilizan estos dientes para defenderse de los depredadores o luchar con otros miembros de su especie. Sin embargo, ante una situación de peligro, prefieren huir y ponerse a salvo en sus madrigueras.

Salón de belleza bestial

En el Parque Nacional Queen Elizabeth de Uganda y en el Masái Mara de Kenia se ha observado esta curiosa relación entre las mangostas rayadas y los facoceros. Cuando ambos animales coinciden en un mismo lugar, las mangostas se acercan a los facoceros que están descansando, les acicalan y quitan las garrapatas. A veces, los facoceros incluso se arrodillan o se tumban de lado para que las mangostas puedan llegar mejor a los parásitos.

¿SABÍAS QUE...

Una relación muy similar fue registrada entre coatíes y tapires en América. El coatí de nariz blanca (*Nasua narica*) puede acicalar al tapir de Baird (*Tapirus bairdii*) para quitarle los parásitos y conseguir algo de alimento adicional.

Supercoquetas

Las mangostas se acicalan entre ellas para eliminar los parásitos y reforzar los vínculos con los miembros de su grupo. Este comportamiento se conoce como acicalamiento social y es probable que les haya llevado a buscar comida entre los facoceros.

Capibara y caracara negro

Para muchos grandes animales mantener su pelaje libre de parásitos no es fácil.

Y por este motivo suelen aceptar la ayuda de algunas aves. Estas se acercan para comer garrapatas y otros artrópodos dañinos, como en el caso del capibara y el caracara negro.

Localización
América del Sur

Capibara

Los **capibaras** (*Hydrochoerus hydrochaeris*), también conocidos como carpinchos, son animales herbívoros que podemos hallar en muchas regiones de América del Sur. Es la especie de roedor más grande de la Tierra. Vive en sabanas y bosques cercanos a ríos y lagos donde se alimenta de plantas acuáticas. Estos roedores son unos excelentes nadadores. ¡Pueden bucear y aguantar la respiración durante cinco minutos!

Caracara negro

El **caracara negro** (*Daptrius ater*) es un ave rapaz que pertenece al grupo de los halcones. Su plumaje es completamente negro, salvo una mancha blanca en la base de su cola. Además, su cara y patas lucen de color amarillo o rojo anaranjado. Prefiere vivir en los alrededores de ríos, donde se alimenta de un gran número de presas como pequeñas aves, mamíferos, reptiles, anfibios y peces.

¡Hummmmm, qué rico!

Cuando los capibaras están relajados, el caracara negro puede acercarse para tratar de conseguir algo de comida extra. El ave se posa sobre su lomo para inspeccionar el pelaje en busca de parásitos. ¡Así se toma un pequeño tentempié de garrapatas!

Más aves limpiadoras

En América del Sur y Central habitan alrededor de treinta especies de aves que actúan como animales limpiadores. Muchas de estas especies aprovechan para alimentarse de los parásitos que encuentran entre el pelaje de capibaras, tapires o incluso el ganado.

¿SABÍAS QUE...

Los carpinchos son animales muy sociales que viven en grupos de entre 10 y 20 ejemplares. ¡Aunque se han visto agrupaciones con 100 capibaras!

Otro amigo para siempre

El caracara negro también actúa como ave limpiadora del tapir amazónico (*Tapirus terrestris*), un gran mamífero que también vive cerca de los ríos.

Orangután y plantas con fruto

Los mamíferos también son aliados importantes de las plantas, ya que les ayudan a dispersar sus semillas después de comer los frutos.

Existen muchos ejemplos de dicha relación en la naturaleza, entre los cuales podemos mencionar el caso del orangután y diversas especies de plantas.

Localización
Sudeste asiático

Orangután

Los **orangutanes** (*Pongo*) son un grupo de primates que habitan en los enormes árboles de las selvas del sudeste asiático. Cuando son bebés, estos animales viven siempre con sus madres, que les cuidan mientras viajan por el bosque. Durante todo este tiempo, aprenderán qué tipo de alimento pueden comer o a construir nidos en la copa de los árboles, para así estar a salvo de los depredadores. Los machos de orangután se diferencian de las hembras por sus mejillas grandes y planas.

Plantas con fruto

La dispersión de semillas gracias a la intervención de animales se conoce como zoocoria. Algunos animales que se alimentan de frutos, después de digerirlos, liberan las semillas en los excrementos, lejos de la planta que los originó: este proceso se llama endozoocoria. Pero si las semillas se dispersan pegándose al pelaje o el cuerpo de los animales, el fenómeno se denomina epizoocoria.

Un menú muy variado

Los orangutanes son animales frugívoros. Les encanta comer frutas con pulpa blanda, en especial los diferentes tipos de higos que encuentran en el bosque. Su menú también incluye una gran variedad de bayas y semillas. Cuando escasea la fruta, recurren a hojas, huevos, insectos o incluso pequeños vertebrados.

¿SABÍAS QUE...

Debido a la deforestación y a la caza furtiva de animales, la dispersión de muchas plantas se ha visto muy afectada. Estas especies necesitan la alianza con los animales para así lograr su dispersión y supervivencia.

¿Qué frutas comen los orangutanes?

No puedo vivir sin ti...

Algunas especies de plantas, como el haba de San Ignacio (*Strychnos ignatii*), dependen casi exclusivamente de la dispersión de los orangutanes. Dicho árbol produce un fruto del tamaño de una manzana, que contiene unas 20 semillas rodeadas con pulpa. Esta planta es tóxica, pero los orangutanes pueden alimentarse de ella gracias a que la consumen con tierra con minerales antitóxicos.

Musaraña y planta carnívora

Esta puede ser una de las relaciones más extrañas de la naturaleza. Tiene lugar entre unos pequeños mamíferos y algunas plantas carnívoras.

Las musarañas acuden a las plantas para comer algo de néctar y, a cambio, ¡les dejan sus excrementos!

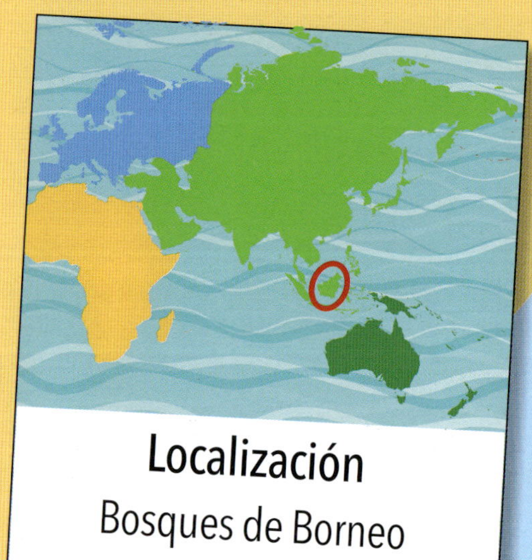

Localización
Bosques de Borneo

Musaraña

La **musaraña** de montaña o tupaya (*Tupaia montana*) es un pequeño mamífero que solo podemos hallar en algunos bosques de Borneo. Son animales de pequeño tamaño, cuyo cuerpo mide unos 30 cm y presentan un pelaje de color marrón o grisáceo. Esta especie, que es diurna, se alimenta de artrópodos que habitan entre la hojarasca y ramas caídas en el suelo. También puede comer grandes cantidades de frutos y bayas, que suponen una rica fuente de azúcar.

Planta carnívora *Nepenthes*

Las **plantas carnívoras *Nepenthes*** son unas plantas increíbles. Dichas plantas tienen unas hojas especiales con forma de jarra. ¡Su interior es una trampa para pequeños insectos y otros artrópodos! Cuando las presas caen en una jarra, se ahogan debido al líquido que contiene y, posteriormente, son digeridas allí mismo. Gracias a este sistema, las *Nepenthes* logran unos nutrientes que escasean en el medio donde crecen. ¡Por eso se llaman plantas carnívoras!

Hummmmm... ¡Qué olor más rico!

Las tupayas presentan una relación mutualista con varias especies de plantas *Nepenthes*. Algunas de las jarras de estas especies secretan néctar dulce y un olor afrutado para atraer a las musarañas. ¡Pero ellas no pretenden cazarlas!

Visita al W.C.

Mientras las tupayas se alimentan del néctar, se sientan sobre las jarras y defecan dentro de ellas. De esta forma, los excrementos de las tupayas proporcionan a las plantas *Nepenthes* los nutrientes que necesitan. ¡Qué baño tan curioso!

¿SABÍAS QUE...

La rata de cumbre (*Rattus baluensis*) es un roedor que solo podemos encontrar en algunos montes de Malasia. Esta especie mantiene una relación mutualista similar con la planta carnívora *Nepenthes rajah*. A cambio de algo de néctar, ellas también usan las jarras como baño.

Salamandra moteada y microalgas

En la naturaleza hallamos simbiosis increíbles que aún deben ser investigadas por los científicos para comprender mejor todos los detalles.

Este es el caso de la salamandra moteada y las microalgas que habitan en sus huevos. ¡Es el único vertebrado que presenta este tipo de simbiosis!

Salamandra moteada

La **salamandra moteada** (*Ambystoma maculatum*) es una especie de anfibio que podemos hallar en regiones del este de Estados Unidos y Canadá. Se trata de un animal que mide entre 15 y 25 cm de longitud. Su piel es de color negro, aunque está adornada con dos líneas de manchas amarillas que van desde la cabeza hasta la cola. Esta especie pasa la mayor parte del tiempo bajo tierra y solo salen de su escondite para buscar comida o reproducirse, en especial cuando llegan las lluvias.

Huevos verdes

Los huevos de la salamandra moteada son de color verde porque en ellos habitan microalgas de la especie *Chlorococcum amblystomatis*. Dentro del huevo, el embrión produce el nitrógeno que necesita el alga, y esta, cuando realiza la fotosíntesis, produce el oxígeno que el embrión necesita para respirar. Lo curioso es que las salamandras adultas presentan esta alga en sus células.

Existencia tranquila

Las microalgas se benefician de esta relación al vivir en un sitio relativamente seguro. Además, en este lugar cuentan con un suministro de dióxido de carbono aportado por los embriones de las salamandras.

Fotosíntesis, ¿sí o no?

La discusión está en si la salamandra es un animal capaz de realizar fotosíntesis, o si solo se aprovecha de la fotosíntesis producida por el alga.

¿SABÍAS QUE...

La palabra *amblystomatis* significa que «ama los huevos de salamandra». ¡Este nombre es muy apropiado! El microalga *Chlorococcum amblystomatis* no se encuentra en ningún otro lugar de la naturaleza, salvo en los huevos de las salamandras moteadas.

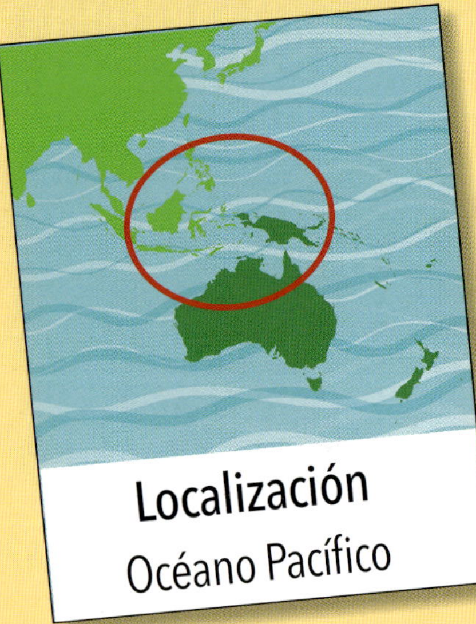

Pez payaso y anémona

Para los peces pequeños, los arrecifes de coral pueden ser un lugar muy peligroso porque aquí hay muchos depredadores.

Sin embargo, los peces payaso buscan protección entre los tentáculos venenosos de las anémonas. ¡Ningún carnívoro se atreverá a perseguirlos!

El pez payaso

El **pez payaso común** *(Amphiprion ocellaris)* es un animal de pequeño tamaño que mide aproximadamente 10 cm de longitud. Presenta una característica coloración naranja brillante y rayas blancas delineadas con líneas negras. Esta es la especie más famosa de pez payaso, pero existen muchas otras que lucen colores amarillos, marrones, rojos y negros. Son peces omnívoros, que se alimentan de pequeños animales y algas.

¿Dónde viven?

Los peces payaso viven entre los tentáculos de las anémonas de mar. ¡El veneno de las anémonas no les hace daño! De esta forma, están protegidos frente a los depredadores que merodean por los arrecifes de coral y tienen un lugar seguro para hacer sus nidos.

La anémona

Las **anémonas de mar** son animales invertebrados que pertenecen al mismo grupo que las medusas. En sus tentáculos tienen unas células venenosas conocidas como nematocistos. Gracias a ellas, capturan pequeñas presas o pueden defenderse. Algunos ejemplos de animales que se alimentan de anémonas son las babosas y las estrellas de mar, los peces mariposa y las tortugas marinas.

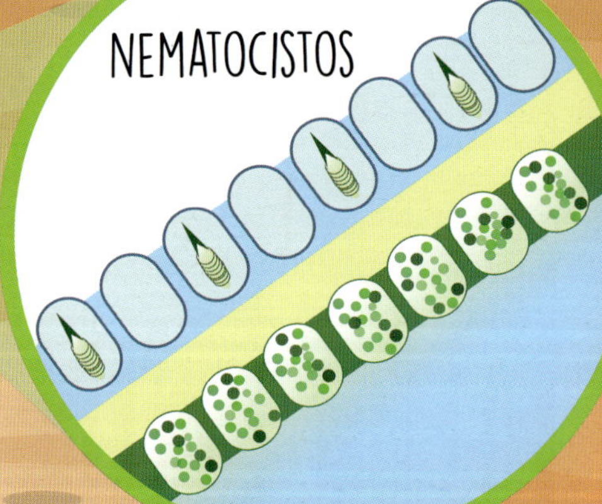

¿Cuál es el secreto?

El secreto de los peces payaso consiste en una mucosidad que cubre todo su cuerpo. Dicha sustancia está hecha con moléculas que evitan la activación de los nematocistos.

¿Qué obtienen?

Los peces payaso encuentran toda la comida que necesitan entre los tentáculos. Se alimentan de las presas que les sobran a las anémonas o de los parásitos que crecen sobre ellas. Además, el movimiento de estos peces remueve el agua haciendo que el ambiente esté menos sucio y que ambos puedan respirar mejor.

¿SABÍAS QUE...

Hay cangrejos ermitaños que cargan con una anémona pegada a su caparazón: de esta manera el cangrejo se protege con los tentáculos venenosos de la anémona, y él le ayuda a alimentarse.

¿Y las anémonas?

Las anémonas también se benefician de su pacto con los peces payaso. ¡Sus inquilinos las defenderán de depredadores como los peces mariposa!

Gobio y camarón

La historia del gobio y el camarón es una de los asociaciones más curiosas del reino animal.

Esta relación ocurre entre diferentes especies de peces y crustáceos, que comparten madriguera en el fondo marino. ¡Parecen compañeros de piso!

Localización

Europa y Asia

Gobio

Los **gobios** son peces pequeños, que no suelen superar los 10 cm de longitud. Son animales que habitan en el fondo del mar. Muchas especies de gobios viven en madrigueras que comparten con sus parejas, donde se refugian y hacen sus nidos. Ambos se encargan de su construcción, utilizando sus bocas para excavar y retirar los escombros. ¡Incluso usan trozos de coral para bloquear la entrada!

Camarón

Los **camarones** son un tipo de crustáceos de cuerpos delgados, largas antenas y excelentes nadadores. Dentro de este grupo existe una familia, los alféidos, que es muy curiosa: se caracteriza por tener una pinza mucho más grande que la otra. Gracias a esta pinza especial producen un fuerte chasquido con el que aturden a sus presas o se defienden. ¡Por eso los llaman camarones pistoleros!

Yo limpio, tú vigila

Algunas especies de gobios comparten sus madrigueras con camarones pistoleros. El camarón se encarga de mantener la madriguera libre de arena, mientras que el gobio vigila que no se acerque ningún depredador gracias a su buena visión.

¡Todo son ventajas!

Además, en esta relación los camarones también obtienen alimento extra, gracias a las presas y algas que los gobios llevan a la madriguera. También comen los parásitos que afectan a estos peces o incluso sus heces.

¿SABÍAS QUE...

En Indonesia hallamos un increíble caso de mutualismo entre ¡tres animales socios! El cangrejo *Enosteoides lobatus* también se aloja en las madrigueras creadas por los gobios y los camarones pistoleros. Estos pequeños crustáceos se alimentan filtrando el agua marina y recurren a esta ayuda para hallar refugio.

¿Dónde estás?

Gracias a sus largas antenas, los camarones palpan y buscan a su amigo. Así están en permanente contacto y saben cuándo deben refugiarse en la madriguera.

Lábrido limpiador y morena

En los ambientes acuáticos, tanto marinos como de agua dulce, también existen parásitos muy molestos.

Por fortuna, en lugares como los arrecifes de coral muchos grandes peces cuentan con la ayuda de pequeños animales, que se prestan a limpiarlos.

Localización
Mar Rojo, África oriental, Polinesia francesa

Lábrido limpiador

El **lábrido limpiador** (*Labroides dimidiatus*) es una especie de pez que podemos hallar en arrecifes de coral. Estos animales miden unos 10 cm de longitud. Son fácilmente reconocibles por su color azulado y la franja negra que recorre su costado. A estos peces les gusta comer parásitos o la piel muerta de otros peces. ¡Por eso se llaman limpiadores!

Morena

Las **morenas** son peces muy característicos por su cuerpo alargado. Habitan entre las rocas del fondo marino o en escondrijos de los arrecifes de coral, desde donde acechan emboscadas para capturar a sus presas. Su visión no es muy buena, pero lo compensan con un sentido del olfato altamente desarrollado. ¡En sus gargantas tienen una segunda mandíbula que usan para engullir a sus presas!

Los más limpios...

Los lábridos limpiadores son los peces limpiadores más famosos. Estas especies colaboran con grandes peces, los cuales son en su mayoría depredadores. Sin embargo, estos carnívoros permiten que los lábridos limpiadores les acicalen para eliminar parásitos y restos de escamas muertas. ¡En algunos casos incluso les limpian la boca!

... y los más trabajadores

De esta forma, los lábridos limpiadores consiguen comida. Cada lábrido puede trabajar alrededor de cuatro horas al día, durante las cuales llegan a inspeccionar a más de 2 000 clientes. ¡Cuánto trabajo!

Estaciones de limpieza

Los lábridos limpiadores se congregan en lugares concretos de los arrecifes de coral. Estos sitios son conocidos como estaciones de limpieza. Muchos tipos de animales marinos acuden a estas zonas para que los limpien.

¿SABÍAS QUE...

También existen camarones limpiadores. Por ejemplo, la especie *Lysmata amboinensis* que vive en algunas regiones del océano Pacífico. A este curioso crustáceo también le gusta alimentarse de parásitos y escamas de peces.

Cangrejo de Colón y tortuga caretta

Los océanos son lugares inmensos donde encontrar refugio y comida puede resultar imposible para animales pequeños.

Por eso, algunas especies prefieren vivir junto a grandes animales a los que acompañan en sus largas travesías marinas.

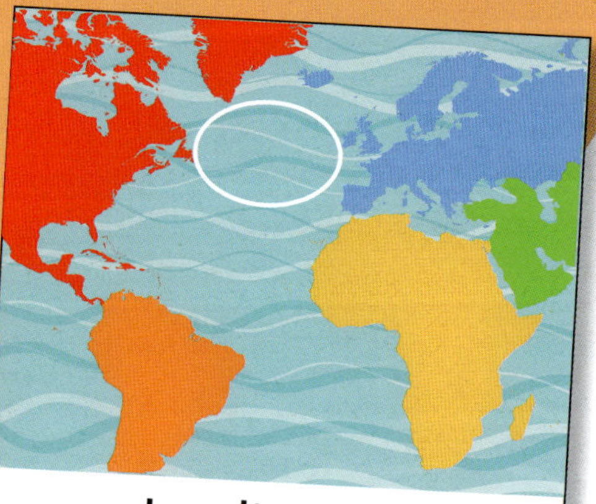

Localización

Zona norte del océano Atlántico

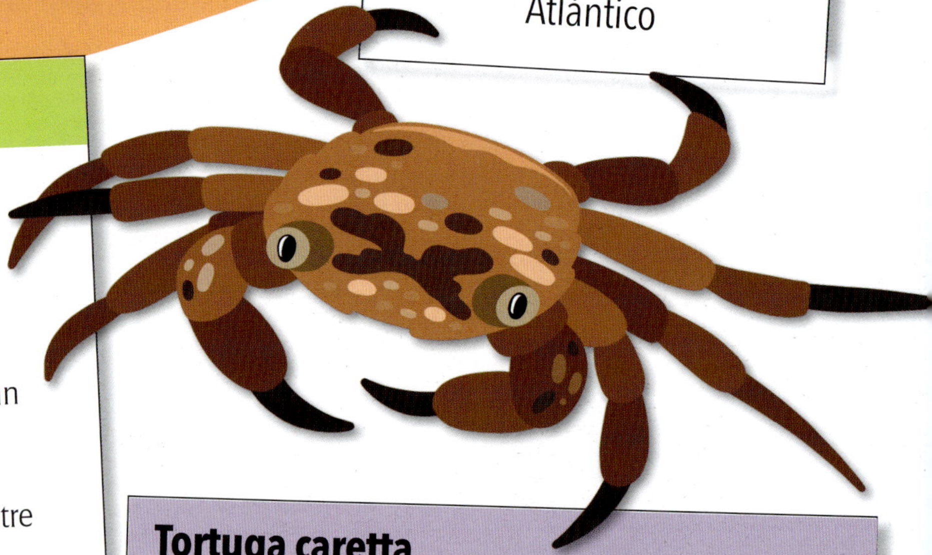

Cangrejo de Colón

El cangrejo de Colón (*Planes minutus*) es una especie de crustáceo que habita mar adentro, en la zona norte del océano Atlántico. Estos animales miden unos 10 mm de largo y presentan un caparazón de color arenoso con rayas marrones. Gracias a su aspecto, se camuflan entre las algas de sargazo donde suelen vivir la mayor parte del tiempo. Aunque son buenos nadadores, prefieren permanecer escondidos entre los objetos que flotan en la superficie.

Tortuga caretta

Las **tortugas caretta** (*Caretta caretta*) son reptiles marinos que habitan en gran parte de los océanos y mares del mundo. Si inspeccionamos sus caparazones con mucho detenimiento, hallaremos miles de pequeños animales que viajan con ellas: pueden ser desde gusanos milimétricos hasta pequeños percebes que se aferran a su caparazón. ¡En algunos casos se han encontrado más de cien especies distintas!

Los cangrejos de Colón también pueden vivir junto a tortugas verdes (*Chelonia mydas*) o tortugas carey (*Eretmochelys imbricata*).

Ya que pasas por aquí...

Las tortugas marinas adultas prefieren vivir cerca de las costas. Sin embargo, cuando son jóvenes pueden pasar hasta seis años en los océanos. En esos momentos, muchos pequeños animales aprovechan para colonizar sus caparazones.

Yo como y tú estás limpia

Los cangrejos de Colón se alimentan de los invertebrados y las algas que viven en la superficie de los océanos. Pero cuando se hallan junto a las tortugas marinas jóvenes, aprovechan los restos de las medusas y moluscos que ellas cazan. También se alimentan de los percebes que les acompañan y que dificultan la natación de las tortugas. ¡Así les ayudan a mantenerse limpias!

¡Qué sitio más raro para vivir!

Cuando viven sobre las tortugas marinas, los cangrejos de Colón utilizan sus patas para adherirse a la parte inferior de estos reptiles. En especial, prefieren estar en los alrededores de la cola o en las patas traseras.

Rémora y tiburón

En el medio marino hallamos grandes animales que recorren enormes distancias acompañadas por otros.

Muchas de estas especies, incluso las que no viajan en grupo, pueden estar acompañadas por peces de tamaño más pequeño que buscan cobijo en ellas.

Localización

En todos los océanos

Rémora

Las **rémoras** son un curioso grupo de peces que nadan junto a tiburones, pero también podemos verlas siguiendo a ballenas, tortugas marinas o mantarrayas. El rasgo más característico de estos peces es la aleta especial que tienen sobre sus cabezas, que funciona como una ventosa. Gracias a esta increíble aleta pueden sujetarse a la piel de grandes animales a los que acompañan a lo largo de sus travesías por los océanos.

Tiburón

Los **tiburones** son un grupo de peces donde encontramos a algunos de los depredadores más importantes de los mares y océanos. Una de sus características principales es su esqueleto hecho de cartílago, no de hueso. El mayor de ellos es el tiburón ballena (*Rhincodon typus*), el cual es un animal filtrador y puede medir hasta 18 m. Mientras que el tiburón blanco (*Carcharodon carcharias*), que puede alcanzar los 6 m, es el mayor carnívoro de este grupo.

¡Puf, qué asco!

Las rémoras ayudan a sus compañeros de viaje al alimentarse de ectoparásitos y escamas sueltas. Sin embargo, se ha descubierto que las heces de esos animales son la dieta principal de las rémoras.

Seguridad y ahorro energético

Además de alimento, las rémoras viven junto a grandes animales para protegerse frente a los depredadores. Por otro lado, cuando están sujetas, ahorran energía al no nadar y también mantienen el flujo de agua en sus branquias para respirar.

¿SABÍAS QUE...

La palabra 'rémora' se utiliza como sinónimo para indicar que algo o alguien es un obstáculo o estorbo para conseguir algún objetivo. Esto se debe al comportamiento de este pez, que se adhiere a otros peces y animales marinos de mayor tamaño con la intención de ser trasladado y alimentarse. Pero a veces no es una sola rémora la que se adhiere (pueden llegar a ser varias al mismo tiempo), lo que dificulta a aquellos animales que están siendo utilizados como 'nodrizas' a desplazarse con facilidad.

De aquí me agarro y no me suelto

Las ventosas de las rémoras son en realidad aletas dorsales adaptadas para hacer succión sobre superficies lisas. Cuando están sujetas, las rémoras pueden aumentar el agarre si se deslizan hacia atrás o liberarse nadando hacia adelante.

Animales marinos y microalgas

La simbiosis es una estrecha relación que tiene lugar entre dos especies o más. En estos casos, están tan unidos que ¡no pueden vivir por separado!

Este tipo de mutualismo suele ocurrir entre animales y organismos microscópicos como las bacterias o las microalgas.

Localización

Aguas tropicales de los océanos Índico y Pacífico

Coral

Los **corales** no parecen animales, ¡pero sí lo son! Pertenecen a la misma familia que las medusas. Cada coral está formado por una colonia de cientos de pequeños individuos, que se alimentan desplegando sus tentáculos. Resultan fundamentales para muchos ecosistemas marinos. Para construir su hogar crean estructuras duras, que luego se convierten en las rocas de los arrecifes.

Almeja gigante

Las **almejas gigantes** (*Tridacna spp.*) son las almejas más grandes de la Tierra. ¡Algunos ejemplares llegan a medir más de 1 m de longitud y pesar 300 kg! Estos moluscos viven en las aguas tropicales costeras de los océanos Índico y Pacífico. Al igual que las otras especies de almejas, se alimentan filtrando el agua. Las perlas más grandes del mundo son producidas por ellas.

Medusa dorada

Las **medusas doradas** (*Mastigias papua*) son unos animales muy extraños que viven en aguas poco profundas de los océanos Índico y Pacífico. Su llamativo color se debe a las microalgas que viven dentro de ellas, que les proporcionan gran parte de los nutrientes necesarios. Por tanto, para alimentarse lo único que deben hacer es recorrer la superficie del agua siguiendo los rayos del sol. Por este motivo, aunque tienen tentáculos como el resto de las medusas, algunas poblaciones han dejado de ser venenosas porque ya no lo necesitan.

Microalgas

A lo largo de la Tierra, existen miles de especies de algas verdes. Muchos de estos organismos son unicelulares, es decir, que están formados por una única célula. ¡Por ese motivo son microscópicas! Suelen vivir tanto en agua dulce como marina, pero también podemos hallarlas en lugares inesperados como en la nieve de las montañas. Al igual que las plantas, realizan la fotosíntesis.

Relación

Muchos animales marinos, como los corales, las almejas gigantes o las medusas doradas, viven en simbiosis con microalgas. Estas especies ofrecen a los microorganismos un lugar seguro para alojarse, donde además les proporcionan luz y el resto de los elementos necesarios para realizar la fotosíntesis. A cambio, dichos animales reciben gran cantidad de nutrientes con los que complementan su dieta. ¡Muchos de ellos mueren de hambre si no tienen estas algas!

Tucán y plantas con fruto

El tucán facilita la tarea a algunas plantas con flores comiendo sus frutos y dispersando sus semillas.

Para que la estrategia tenga éxito, esas plantas necesitan que los frutos sean comidos por animales que, tras recorrer largas distancias, excretan las semillas. ¡Por eso la fruta debe ser muy apetitosa!

Localización

América del Sur

Tucán

Los **tucanes** son aves nativas de una amplia región de América, la cual va desde el sur de México hasta el norte de Argentina. Son famosas por sus largos y coloridos picos, los cuales presentan tonalidades amarillas y naranjas. Aunque parece una estructura pesada, en realidad están huecos en su mayoría. La especie más grande de este grupo es el tucán toco (*Ramphastos toco*), cuyo pico puede medir más de 20 cm de largo.

Plantas con fruto

Tras la polinización de una flor tiene lugar la formación de las semillas, que germinarán y crearán una planta. Las semillas de gran cantidad de plantas se encuentran en el interior de frutas o bayas. La función de los frutos es la dispersión de la semilla a través de animales frugívoros, que posteriormente excretan la semilla. De esta forma, la futura planta crecerá en un lugar donde no compita con sus progenitores por los recursos.

Una relación fructífera: yo te doy de comer y tú dispersas mis semillas

Los animales que se alimentan principalmente de fruta reciben el nombre de frugívoros. La dispersión de sus semillas es muy importante para las plantas, ya que de no poder dispersarse eficientemente no se llegarán a reproducir de forma efectiva. Por este motivo la relación de los frugívoros con los frutales puede resultar beneficiosa tanto para plantas como para animales.

¡Me encanta la fruta!

Los tucanes son aves frugívoras que utilizan sus picos para comer frutas.

¡Gracias, tucán!

Gracias a los tucanes, las plantas logran dispersar sus semillas lejos de los lugares donde se encuentran. ¡Como ellas son inmóviles, no pueden llevar lejos sus semillas! Por este motivo, presentan frutos carnosos y dulces que atraen a tucanes y otros animales que les ayudan en esa tarea a través de sus heces. Este mecanismo de dispersión de semillas a través del tracto intestinal también lo hemos visto con los orangutanes.

¿SABÍAS QUE...

Los cálaos son unas aves que habitan en África y Asia. Estas aves también tienen un gran pico que usan para comer frutos y semillas. En estos lugares, cumplen la misma función que los tucanes.

Pájaro indicador y seres humanos

Existen cientos de especies animales que aprovechan los diferentes recursos ofrecidos por las sociedades humanas.

Uno de los ejemplos más curiosos es el ave conocida como indicador grande, un colaborador muy beneficioso para algunos pueblos africanos.

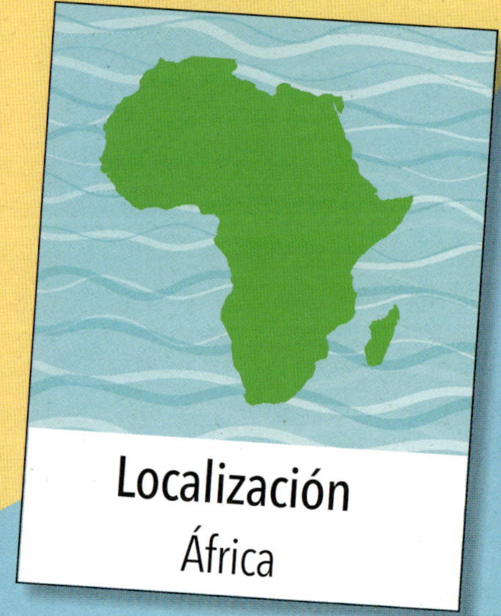

¿SABÍAS QUE...

A lo largo de la Tierra, encontramos diferentes especies que se relacionan con los humanos (*Homo sapiens*). Algunas de ellas fueron domesticadas porque aportan beneficio a los humanos. Este es el caso de los perros y los gatos. Otros animales se han adaptado a vivir en los entornos urbanos, como las ratas y los ratones en pueblos o ciudades. En estos lugares encuentran comida y refugio.

Pájaro indicador grande

El **indicador grande** (*Indicator indicator*) es un ave que habita en algunas regiones de África. En particular, le gusta vivir en bosques poco densos. Mide unos 20 cm de largo y pesa alrededor de 50 g. Presenta un plumaje marrón u oscuro en la parte superior, mientras que el vientre es claro o grisáceo. Al igual que hacen los cucos, las hembras de indicador ponen sus huevos en los nidos de otras aves. ¡Allí los dejan para que sus crías sean cuidadas por otros padres!

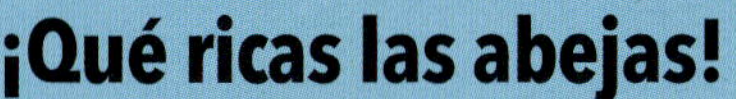

¡Qué ricas las abejas!

Las aves indicadoras se alimentan de huevos, larvas y cera de abejas. ¡Gracias a su sistema digestivo son capaces de digerir la cera! También pueden alimentarse de otros insectos como, por ejemplo, las termitas.

Útiles para el ser humano

Algunos pueblos africanos tienen una curiosa relación con las aves indicadoras. Estos animales guían a las personas hacia los sitios donde hay nidos de abejas silvestres. Cuando las personas quieren recolectar miel, llaman a dichas aves con un silbido específico. Entonces, cuando el ave aparece, los guía hasta donde se encuentra una colmena. Antes de recolectar la miel, las personas hacen fuego para aturdir a las abejas con el humo. Posteriormente, dejan que el indicador se alimente con la cera y restos de la colmena.

Comer por la noche

Durante la noche, las colonias de abejas están menos activas debido al letargo de sus ejemplares. Este es el momento que los indicadores suelen aprovechar para comer. También entran en las colmenas abandonadas.

Colibrí y heliconia

Los colibríes son unas pequeñas e increíbles aves cuya dieta consiste en su mayoría en el néctar de las flores.

Estos pájaros actúan como polinizadores de un variado grupo de plantas, las cuales necesitan su ayuda para lograr la polinización de sus flores.

Localización

Bosques tropicales de América

Colibrí

Los **colibríes** son unas curiosas aves, las cuales podemos hallar en América. Existen cientos de especies, que habitan desde Alaska hasta Tierra del Fuego, aunque en su mayoría se concentran en regiones tropicales. Son animales famosos por su pequeño tamaño, plumaje brillante y capacidad de batir las alas a gran velocidad. ¡Algunos colibríes zumban igual que los insectos!

Heliconia

Las **heliconias** son especies vegetales que habitan en bosques tropicales de América y algunas islas del océano Pacífico. Las flores de estas plantas crecen en grupos, conocidos como inflorescencias, para resultar más llamativas. Estas flores tienen colores rojos, naranjas o amarillos brillantes y producen gran cantidad de néctar. Por este motivo, son una fuente importante de alimento para los colibríes.

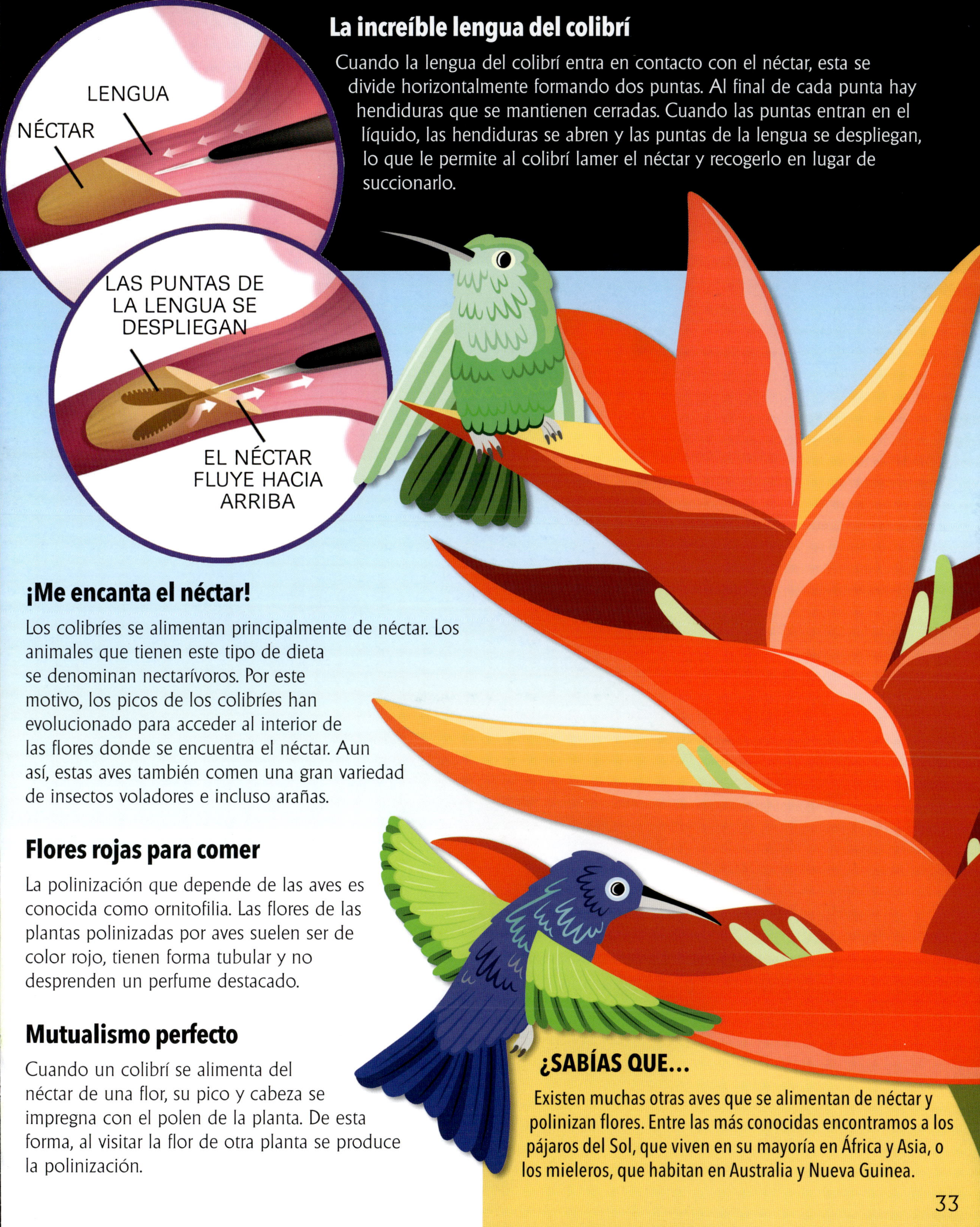

La increíble lengua del colibrí

Cuando la lengua del colibrí entra en contacto con el néctar, esta se divide horizontalmente formando dos puntas. Al final de cada punta hay hendiduras que se mantienen cerradas. Cuando las puntas entran en el líquido, las hendiduras se abren y las puntas de la lengua se despliegan, lo que le permite al colibrí lamer el néctar y recogerlo en lugar de succionarlo.

¡Me encanta el néctar!

Los colibríes se alimentan principalmente de néctar. Los animales que tienen este tipo de dieta se denominan nectarívoros. Por este motivo, los picos de los colibríes han evolucionado para acceder al interior de las flores donde se encuentra el néctar. Aun así, estas aves también comen una gran variedad de insectos voladores e incluso arañas.

Flores rojas para comer

La polinización que depende de las aves es conocida como ornitofilia. Las flores de las plantas polinizadas por aves suelen ser de color rojo, tienen forma tubular y no desprenden un perfume destacado.

Mutualismo perfecto

Cuando un colibrí se alimenta del néctar de una flor, su pico y cabeza se impregna con el polen de la planta. De esta forma, al visitar la flor de otra planta se produce la polinización.

¿SABÍAS QUE...

Existen muchas otras aves que se alimentan de néctar y polinizan flores. Entre las más conocidas encontramos a los pájaros del Sol, que viven en su mayoría en África y Asia, o los mieleros, que habitan en Australia y Nueva Guinea.

Murciélago y planta carnívora

Aunque las jarras de las plantas *Nepenthes* son una adaptación para cazar pequeños animales, existen muchos ejemplos de especies que aprovechan estos lugares en su propio beneficio.

Este es el caso de algunas poblaciones de murciélago lanudo de Hardwicke presentes en Borneo.

Planta carnívora *Nepenthes hemsleyana*

La ***Nepenthes hemsleyana*** debería cazar insectos, pero no se le da demasiado bien. De hecho, ni emite olores llamativos, ni tiene colores vistosos, ni desprende hormonas, ni adopta aspectos engañosos para cazar.

Murciélago lanudo de Hardwicke

El **murciélago lanudo de Hardwicke** (*Kerivoula hardwickii*) es una especie que podemos hallar en diversas regiones de Asia, desde China e India hasta el sudeste asiático e Indonesia. Su color, al igual que el de muchos otros murciélagos, es marrón y grisáceo. Son animales pequeños que se alimentan de insectos que capturan durante la noche. Sus grandes orejas les sirven para oír mejor el ultrasonido producido por su ecolocalización.

Una relación especial

Los murciélagos lanudos de Hardwicke tienen una relación especial con las plantas carnívoras de la especie *Nepenthes hemsleyana*. Dicha especie vegetal solo habita en pantanos y bosques de la isla de Borneo.

Hogar, dulce hogar

En esta curiosa alianza, los murciélagos acuden a las plantas carnívoras para refugiarse en el interior de las jarras. Este es un lugar ideal, sobre todo para las madres murciélagos que deben cuidar a sus pequeñas crías. Aquí están a salvo de la lluvia, la radiación del sol o los depredadores. A cambio, la planta obtiene nutrientes adicionales ¡gracias a los excrementos de los murciélagos!

Ecolocalización

Las jarras de *Nepenthes hemsleyana* tienen poca cantidad de jugos digestivos y son más largas de lo normal. Además, en su entrada hay una estructura especial donde rebota la ecolocalización de los murciélagos. ¡Así los murciélagos logran encontrar el refugio!

¿SABÍAS QUE...

Las jarras de la *Nepenthes hemsleyana* se estrechan para formar una especie de cintura que impide que los murciélagos resbalen hacia dentro y entren en contacto con los jugos digestivos de la parte inferior, convirtiéndose en comida para las plantas. Además, las jarras producen bajos niveles de líquidos digestivos para evitarlo.

Murciélago y baobab

Los murciélagos también pueden ayudar a las plantas con la polinización.

Ciertas especies, como los impresionantes baobabs, presentan flores especializadas con las que atraen a los murciélagos, quienes se alimentan de néctar y fruta. ¡Algunos de estos murciélagos tienen lenguas muy largas!

MADAGASCAR

Localización

África

Murciélago

Dentro del grupo de los **murciélagos**, existen muchas especies que no se alimentan de insectos sino de fruta, néctar y polen. En el conocido como Viejo Mundo, dichos murciélagos pertenecen al grupo de los zorros voladores, que son de gran tamaño. Mientras que, en el continente americano, los murciélagos con esta dieta son pequeños y se caracterizan por tener largas lenguas para acceder a las flores.

Flor del baobab

Baobab

Los **baobabs** (*Adansonia*) son árboles muy curiosos que podemos hallar en lugares como Madagascar. También existen especies que habitan en diversas regiones del continente africano. El rasgo más característico de dichas plantas es su tronco cilíndrico y grueso, que en algunos casos puede medir 3 m de ancho. Las flores de los baobabs son blancas y se abren durante el anochecer para ser polinizadas por animales de hábitos nocturnos.

Una historia de amor... que huele mal

La polinización que tiene lugar gracias a los murciélagos es conocida como quiropterofilia. Las plantas que recurren a esta estrategia suelen tener flores con pétalos blancos y un olor que recuerda a la carne podrida o a las frutas que come el murciélago.

Estos mamíferos se alimentan del néctar producido por las flores. A cambio de esta golosina nutritiva, los murciélagos sirven al baobab polinizando las flores.

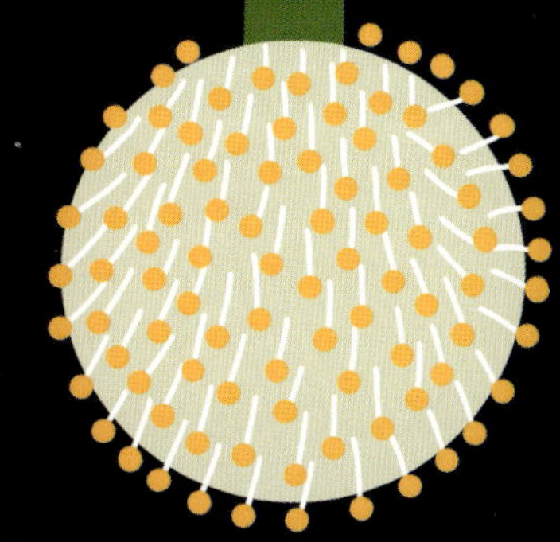

¿SABÍAS QUE...

El baobab tiene flores por primera vez al cumplir 20 años. Las flores salen con la puesta de sol, se abren muy rápido (¡a veces a simple vista!) y se quedan abiertas durante toda la noche.

¡Ven con nosotras!

Un ejemplo curioso de quiropterofilia lo hallamos entre las plantas del género Mucuna. Las flores de dichas plantas crecen en una inflorescencia que cuelga en el aire, desde donde son más accesibles para los murciélagos. Gracias a su morfología, las flores de Mucuna rebotan la ecolocalización de los murciélagos, ayudándoles a que las encuentren en la oscuridad de la noche.

Largas lenguas

Debido a que están especializados en comer néctar, algunos murciélagos necesitan grandes lenguas para acceder al interior de las flores. El murciélago *Anoura fistulata* mide unos 6 cm, pero su lengua es más larga que el resto de su cuerpo. ¡Sus lenguas pueden alcanzar hasta 8,5 cm de largo!

Abeja y flor

Localización

En todos los continentes, excepto la Antártida

La polinización es una parte fundamental de la reproducción de las plantas. Muchas especies vegetales recurren a la ayuda de los animales para que muevan el polen de una flor a otra.

Este es el caso de las abejas y otros insectos, que actúan como polinizadores.

Abeja

Las **abejas** (*Apis mellifera*) son insectos que viven en las colmenas que construyen en los huecos de árboles o las grietas de rocas. En su interior hay panales con múltiples celdas donde se desarrollan las larvas. ¡Cada colmena puede estar conformada por hasta 80 000 ejemplares dirigidos por una abeja reina! Todas ellas trabajan juntas para cuidar de las más pequeñas, además de encargarse del mantenimiento y defensa de su hogar.

Flor

La **flor** es la estructura más característica de las conocidas como angiospermas o plantas con flores. La función de las flores es facilitar la reproducción de las plantas, ya que es el lugar donde se encuentran los óvulos y el polen. Muchas flores tienen un aspecto colorido y liberan fragancias, para así llamar la atención de animales polinizadores. También pueden ofrecer néctar, un líquido rico en azúcar.

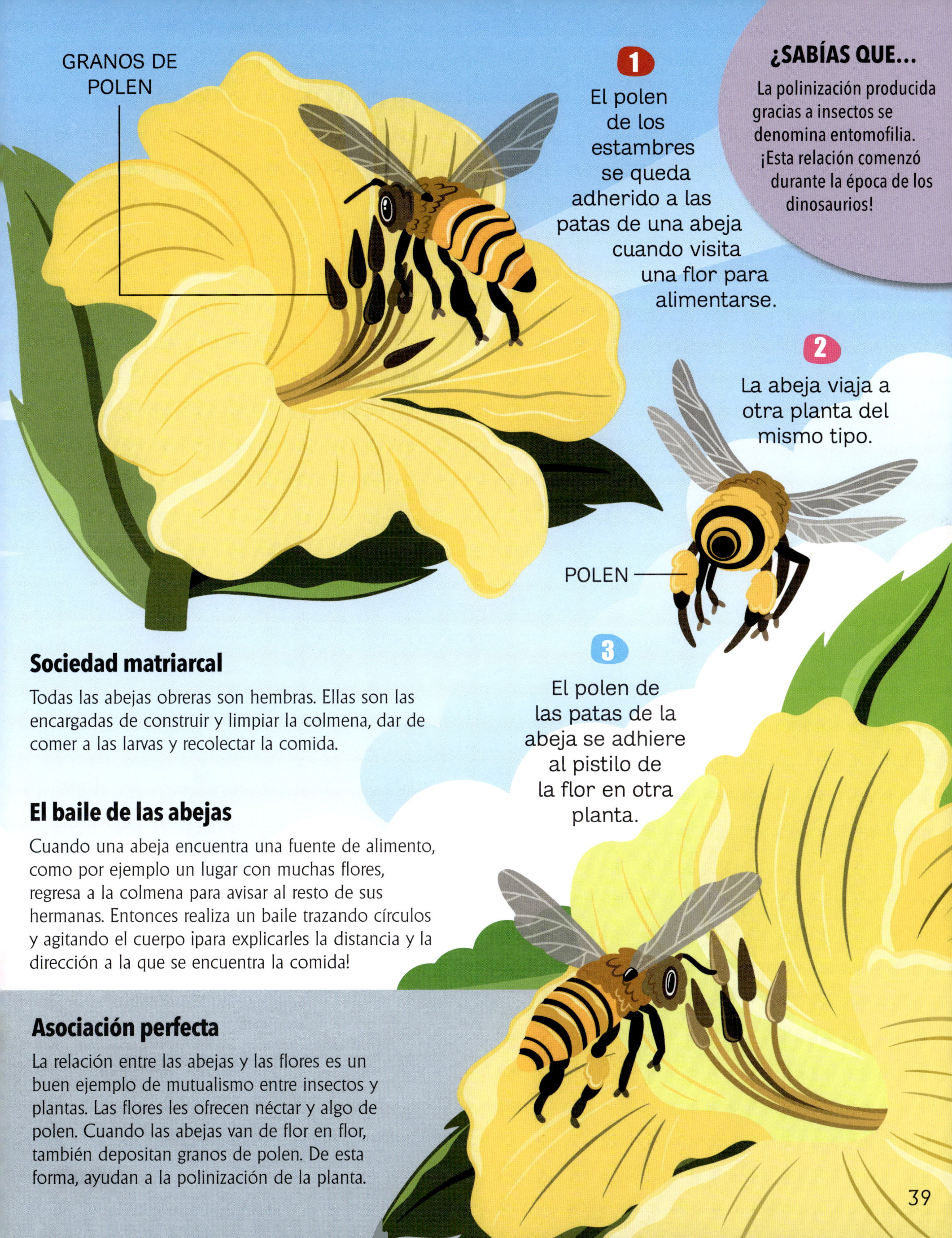

¿SABÍAS QUE...

La polinización producida gracias a insectos se denomina entomofilia. ¡Esta relación comenzó durante la época de los dinosaurios!

Sociedad matriarcal

Todas las abejas obreras son hembras. Ellas son las encargadas de construir y limpiar la colmena, dar de comer a las larvas y recolectar la comida.

El baile de las abejas

Cuando una abeja encuentra una fuente de alimento, como por ejemplo un lugar con muchas flores, regresa a la colmena para avisar al resto de sus hermanas. Entonces realiza un baile trazando círculos y agitando el cuerpo ¡para explicarles la distancia y la dirección a la que se encuentra la comida!

Asociación perfecta

La relación entre las abejas y las flores es un buen ejemplo de mutualismo entre insectos y plantas. Las flores les ofrecen néctar y algo de polen. Cuando las abejas van de flor en flor, también depositan granos de polen. De esta forma, ayudan a la polinización de la planta.

Hormiga y pulgón

La relación entre las hormigas y los pulgones es uno de los mutualismos más fascinantes del reino animal.

Los pulgones ofrecen alimento a las hormigas para que les protejan frente a depredadores como las mariquitas. ¡Es como si las hormigas tuvieran su propio ganado!

Hormiga negra de jardín

La **hormiga negra de jardín** (*Lasius niger*) vive en colonias formadas por entre 4 000 y 7 000 obreras. ¡Aunque en algunos casos pueden ser hasta 40 000! Estas obreras trabajan para hallar comida con la que alimentar a los individuos de la colonia, sobre todo a las larvas y la reina. También deben mantener en buenas condiciones el hormiguero y defenderlo. Las reinas de esta especie pueden vivir hasta 29 años.

Localización

En toda Europa y en algunas partes de América del norte y del sur y Asia

Pulgón negro de las habas

El **pulgón negro de las habas** (*Aphis fabae*) es un insecto diminuto y regordete que mide unos dos milímetros. Su cuerpo es de color negro o verde oscuro y algunos ejemplares pueden tener alas. En los meses más cálidos del año, vive en grandes grupos sobre plantas de diferentes especies de las cuales se alimenta chupando su savia. Por este motivo, se trata de una importante plaga para muchos tipos de cultivos agrícolas.

¡Qué bebida más rica!

Los pulgones pueden secretar un líquido pegajoso rico en azúcar y conocido como melaza, que es el resultado de alimentarse de savia de las plantas. Algunas especies de hormigas suelen acudir a las plantas donde están los pulgones para beber gotas de melaza.

¿SABÍAS QUE...

Otros insectos que producen melaza son los cocoideos o insectos escamas y las cochinillas algodonosas. Estos grupos también pueden ser plagas agrícolas y están protegidos por diversas hormigas que se alimentan de su melaza.

Yo te doy melaza, y tú me defiendes

Las larvas de las mariquitas o vaquitas de San Antonio y de otros insectos son depredadores naturales del pulgón negro de las habas. ¡También existen avispas parásitas que ponen sus huevos dentro de los pulgones! Por este motivo, los pulgones se sirven de las hormigas para que les defiendan.

Hormigas ganaderas

Muchas especies de hormigas protegen a los pulgones frente a otros insectos depredadores. ¡Son hormigas ganaderas!

Hormigas y plantas con semilla

La dispersión de semillas gracias a las hormigas se conoce como mirmecocoria.

En este curioso ejemplo de mutualismo, las plantas ofrecen a las hormigas un poco de alimento a cambio de que dispersen sus semillas a lugares más adecuados para germinar.

Localización

En todos los continentes, excepto la Antártida

Hormigas

Las **hormigas obreras** son las encargadas de buscar alimento y almacenarlo en el hormiguero. Muchas especies son recolectoras de semillas, porque en ellas encuentran sustancias nutritivas. ¡Algunas hormigas realizan este trabajo de forma muy ordenada! Por ejemplo, las obreras más pequeñas de la especie *Messor bouvieri* se encargan de buscar semillas por el suelo, dejando que las más grandes sean las encargadas de llevar la semilla al hormiguero.

Planta con semilla

En el interior de la semilla se halla el embrión de una futura **planta**. Las semillas cuentan con una cubierta dura que actúa como protección frente a los animales herbívoros y otros peligros. Además, también contienen reservas de nutrientes para el desarrollo de la plántula después de la germinación.

Cómo atraer a las hormigas

Algunas semillas de plantas tienen unas pequeñas caperuzas con sustancias nutritivas. Dicha cubierta se conoce como eleosoma y atrae a las hormigas porque está compuesta por lípidos, aminoácidos y otros nutrientes.

ELEOSOMA

Semillas desechadas, dispersadas de la planta madre.

Eleosomas separados y almacenados por las hormigas.

SEMILLA CON ELEOSOMA

Semilla lista para germinar

Cuando las hormigas encuentran semillas, las llevarán a su hormiguero, que está situado bajo tierra. Después de comer los eleosomas, las hormigas abandonan las semillas en basureros subterráneos o dejándolas fuera del nido. Posteriormente, dichas semillas germinan y dan lugar a nuevas plantas.

¿SABÍAS QUE...

En la Tierra existen más de 3 000 especies de plantas que usan la mirmecocoria como método de dispersión, sobre todo en bosques con clima mediterráneo, donde las plantas necesitan acceder a lugares con mejores nutrientes y humedad. Además, si están bajo tierra, las semillas logran protección frente a los incendios. Pero la presencia de un eleosoma no es del todo imprescindible, pues hay especies de hormigas que acumulan en el nido frutos y semillas enteras que pueden germinar bajo tierra antes de ser usadas como alimento.

Hormigas y plantas mirmecófitas

Las plantas mirmecófitas son aquellas que viven en mutualismo con colonias de hormigas.

En muchas ocasiones, estas plantas proporcionan a las hormigas lugares donde refugiarse o incluso alimentarse. Esta relación es tan estrecha que algunas especies de hormigas no sobrevivirán si su planta mutualista no se encuentra en el ambiente.

Hormigas

Contar con una colonia de **hormigas** es una defensa formidable. Pocas especies de animales se atreven a atacar un hormiguero por miedo a que las hormigas les muerdan con sus mandíbulas o les piquen. El árbol del cuerno (*Acacia cornigera*) es defendido por miles de hormigas, las cuales hacen frente a cualquier herbívoro que ataque al árbol. Una sola colonia puede contener ¡más de 30 000 individuos!, que cuidan a varios árboles a la vez.

Plantas mirmecófitas

Las especies del género **Acacia** se hallan entre las plantas mirmecófitas más famosas, las cuales habitan en una gran variedad de ambientes sobre todo en África y Australia. El árbol del cuerno es una especie que puede crecer hasta los 10 m de altura y es nativo del sur de México y Centroamérica. Dicho árbol presenta un mutualismo con hormigas del género Pseudomyrmex, a las que proporciona ¡refugio y comida a cambio de defensa!

Hogar, dulce hogar

Algunas plantas presentan unas estructuras especiales conocidas como domatias. Dichas estructuras consisten en cavidades localizadas en tallos, hojas y espinas de las plantas. Por ejemplo, las plantas del género Acacia tienen espinas agrandadas que, al ser excavadas por las hormigas, ¡funcionan como viviendas para sus defensoras!

¡Más comida!

Otra estrategia de las plantas mirmecófitas consiste en ofrecer algo de comida en la punta de sus hojas. Estas estructuras se denominan cuerpos de Beltian, los cuales tienen un alto contenido en lípidos y son recolectados por las hormigas.

Hormigas guardaespaldas

Si una jirafa se acerca a comer hojas de una acacia ya protegida por hormigas, las hormigas saldrán enseguida a picarle la cara hasta que ella se canse y se vaya de la planta.

Localización

Zonas tropicales del mundo, excepto Oceanía

¿SABÍAS QUE...

Algunas plantas mirmecófitas tienen nectarios extraflorales: unas glándulas que producen sustancias azucaradas fuera de las flores. ¡Esta comida también les encanta a las hormigas!

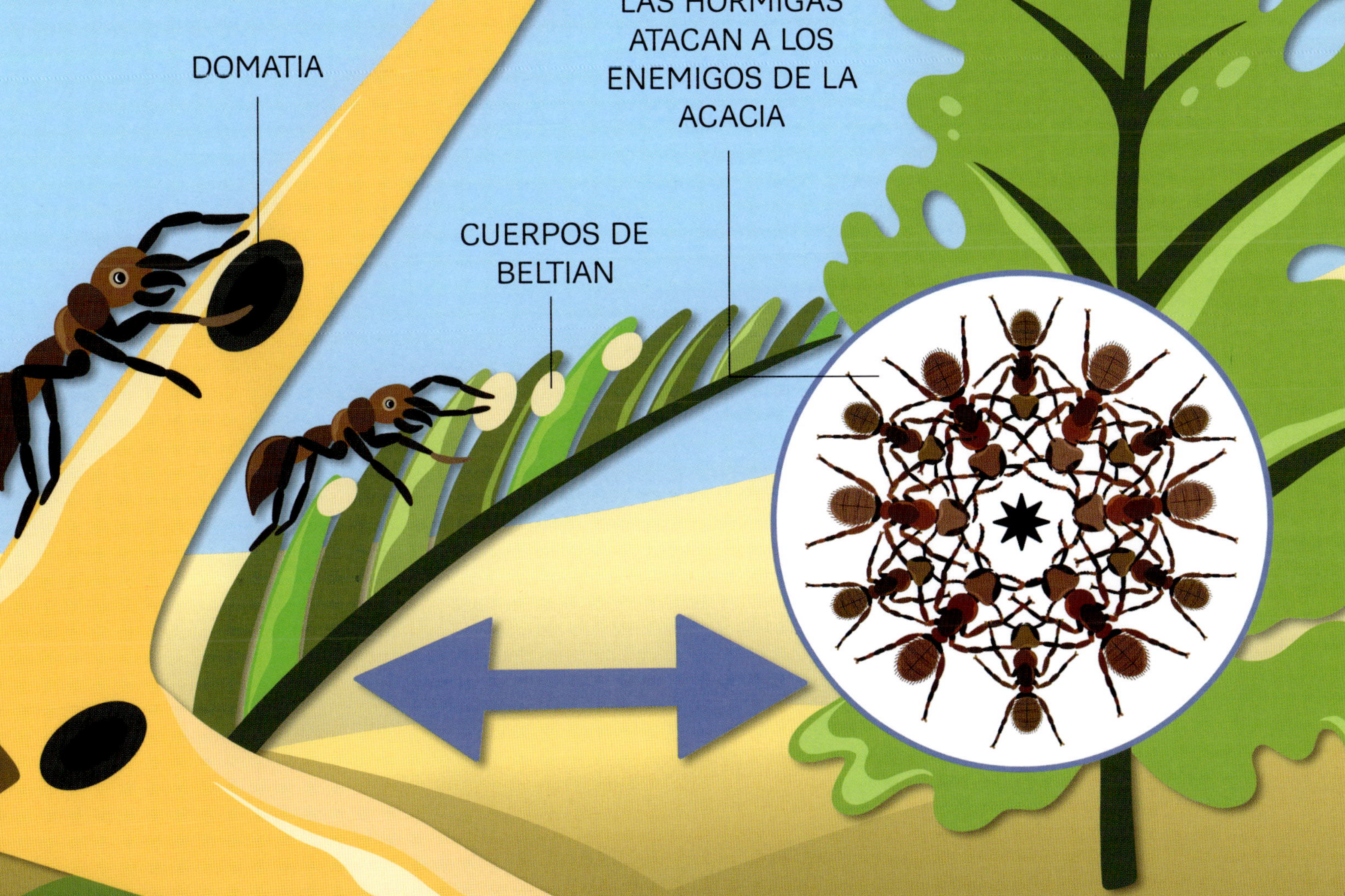

Hormigas cortadoras de hojas y hongos

El mutualismo entre las hormigas cortadoras de hojas y diversas especies de hongos es impresionante.

Dichos insectos recolectan trozos de hojas para cultivar hongos, los cuales representan el único alimento de la reina y gran parte de integrantes del hormiguero.

Localización

Regiones cálidas de América

Hormigas Atta

Las **hormigas Atta** son un género de hormigas propias de América, que son más conocidas como hormigas cortadoras de hojas. Las Atta son buenas excavadoras. Sus hormigueros son muy grandes y pueden extenderse a más de 80 m^2, y hasta una profundidad de más de 5 m. Curiosamente, las Atta suelen evitar buscar alimento a pleno sol, prefieren hacerlo de noche o en días nublados.

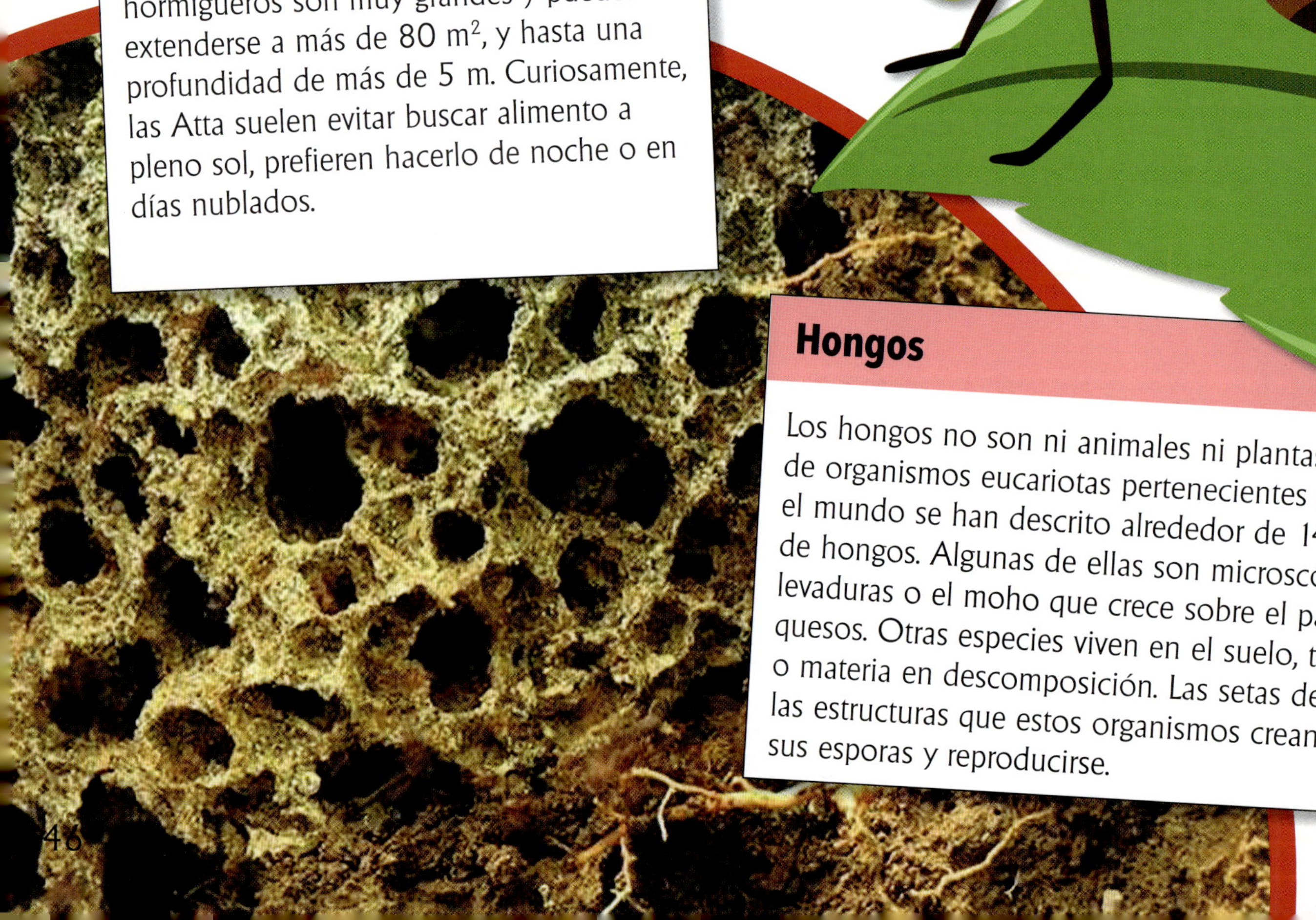

Hongos

Los hongos no son ni animales ni plantas, sino que se trata de organismos eucariotas pertenecientes al reino Fungi. En el mundo se han descrito alrededor de 148 000 especies de hongos. Algunas de ellas son microscópicas, como las levaduras o el moho que crece sobre el pan y algunos quesos. Otras especies viven en el suelo, troncos de árboles o materia en descomposición. Las setas de los hongos son las estructuras que estos organismos crean para dispersar sus esporas y reproducirse.

1 Primero, recolectar hojas

Las hormigas cortadoras de hojas son famosas por cultivar hongos para su alimentación. Las obreras son las encargadas de cortar trozos de hojas con sus mandíbulas, que usan como si fueran unas tijeras. Posteriormente, deberán transportar los trozos a los hormigueros.

2 Segundo, cultivar los hongos

Una vez en el hormiguero, los trozos de hojas son llevados a una cámara especial donde cultivan los hongos. Aquí las trocean aún más, hasta producir una pasta donde crecerán los hongos. Dichos hongos tienen un color blanquecino.

3 Por último, llega la cosecha

Las hormigas cuidan con mucho esmero a los hongos. Les añaden material vegetal recién recolectado y los mantienen libres de plagas. Las hormigas utilizan los hongos para alimentar a las larvas y adultos del hormiguero.

¿SABÍAS QUE...

Algunas hormigas cortadoras de hojas son capaces de ¡cargar hasta veinte veces su peso corporal!

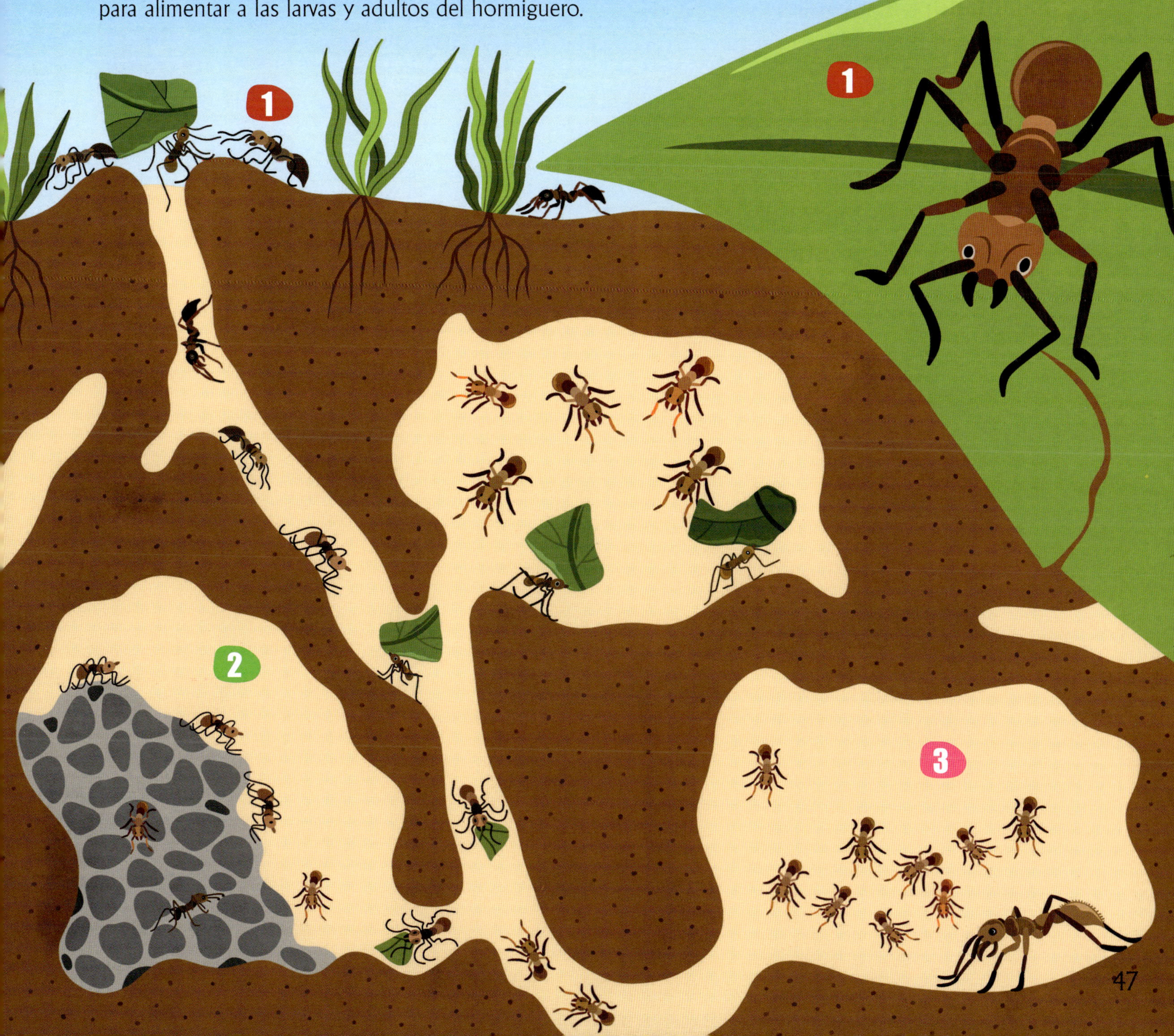

Contenido

C/ Puerto de Navacerrada, 88
28935 Móstoles (Madrid)
Tel.: (34) 91 657 25 80
e-mail: libsa@libsa.es
www.libsa.es

ISBN: 978-84-662-4284-4

Textos: Ángel Luis León Panal
Ilustración: Bethany Lord · Advocate Art

DL: M- 4099-2024